Das große und das kleine Glück

Leseanleitung:
eine Seite aufschlagen,
zwei Minuten wirken lassen,
das Buch weglegen und
glücklich sein!

Grafik Werkstatt Bielefeld

Glück ist

Regen, wenn es heiß ist,
Glück ist Sonne nach dem Guss,
Glück ist, wenn ein Kind ein Eis isst,
Glück ist auch ein lieber Gruß.

Die Sehnsucht

der Menschen geht immer aufs Wandern.
Drüben, im andern Lande, über den Grenzen,
die sie nicht überschreiten können, vermuten
die Menschen Glück und Heil.
Das alte Märchen vom König und Bauern
wiederholt sich alle Tage: „Wo du nicht bist,
da wohnt das Glück.“

Geduld

Das Glück ist
ein Schmetterling.
Jag ihm nach,
und er entwischt dir,
setz dich hin,
und er lässt sich auf
deiner Schulter nieder.

Lebenslust

Die Elemente spüren,
die Sorgen vergessen,
den Augenblick genießen.

Warum wir das Glück nicht finden?

Weil wir es da suchen, wo es nicht ist,
auf dem Gipfel des Daseins, in weiten Fernen,
wo die „blaue Blume" wächst.

Das Glück aber ist an einem stillen,
dunklen, tief verborgenen Ort,
der uns sehr nahe liegt und wo
wir dennoch nur allzu selten hinkommen:

in uns selbst!

Die Zeichen der Liebe

sind die einzigen Wegweiser,
die uns am Ende
zu unserem Ziel führen.

Sonnenstrahlen,

die unverhofft auf
deinen Weg fallen,
sind die kleinen
Lichtblicke des Alltags.

Man sieht das Glück

selten, wenn es da ist,
aber man weiß immer,
wann es da war.

Kleinigkeiten

Glück ist nicht in einem
ewig lachenden Himmel
zu suchen,
sondern in ganz feinen
Kleinigkeiten, aus
denen wir unser Leben
zurechtzimmern.

Das Leben

schreibt für jeden eine Geschichte.
Du hast das große Los gezogen,
denn deine ist absolut einmalig.

Einzigartig

Glück besteht darin,
zu leben wie alle Welt
und doch wie kein
anderer zu sein.

Eine Blume vor deiner Tür,

ein Gruß in deinem Briefkasten.
Jemand hat an dich gedacht.
Welch eine Freude!

Im Grunde

ist das Glück nichts anderes
als der mutige Wille zu leben,
indem man die Bedingungen
des Lebens annimmt.

Zu zweit

Wer das Glück genießen will,
muss es teilen,
denn es wurde als
Zwilling geboren.

Verlorene Dinge,

verblichene Erinnerungen,
verwehte Gedanken,
vergangene Freundschaften
wiederfinden –
das pure Vergnügen!

Das Glück des Lebens

setzt sich aus winzigen Kleinigkeiten zusammen – den kleinen, bald vergessenen Wohltaten eines Kusses oder Lächelns, eines freundlichen Blicks, eines von Herzen kommenden Kompliments, zahllosen, unendlich kleinen Dosen angenehmer und belebender Freuden.

Wunder

Glück ist ein Wunderding.
Je mehr man gibt,
desto mehr hat man.

Chancen

Nimm dein Schicksal
in die Hand!
Die kleine Chance
von heute ist morgen
die große von gestern,
die nie wiederkommt.

Die Tür zum Glück

geht nach außen auf.
Wer sie einzurennen versucht,
der verschließt sie nur.

Kinder

zeigen dir den Weg zur Lebensfreude,
wenn du ihnen zuhörst und dich in
ihre Welt entführen lässt.

Ein Stück

Wenn du gut geschlafen hast,
die neuen Schuhe nicht
drücken und die alte Hose
immer noch passt,
wenn jemand da ist,
der dir Blumen auf
den Tisch gestellt hat,
ist das ein kleines Stück
vom großen Glück.

Ein Lächeln

ist so einfach und macht mindestens
zwei Menschen froh.
Ein Lächeln öffnet eine
Tür zum Herzen.

VIEL GLÜCK

AUF ALLEN WEGEN

Idee, Konzept & Gestaltung:
Werner Bethmann

Bildnachweis:
Titel + Seiten 1-3, 6-47: Werner Bethmann
Seite 4-5: Cornelia Anegg

Textnachweis:
Seite 2: Clemens Brentano; Seite 4: Paul Keller; Seite 7: Anthony de Mello
Seite 9, 12, 15, 17, 21, 24, 31, 40, 42, 44: Werner Bethmann
Seite 11: Franziska von Kapff-Essenther; Seite 19: Carmen Sylva
Seite 22: Simone de Beauvoir; Seite 26: Maurice Barrès
Seite 28: George Gordon Byron; Seite 32: Samuel Taylor Coleridge
Seite 35: Germaine de Staël-Holstein; Seite 38: Søren Kierkegaard

ISBN 978-3-86229-103-8

www.grafik-werkstatt-bielefeld.de